BEI GRIN MACHT SICH IHR WISSEN BEZAHLT

AF140774

- Wir veröffentlichen Ihre Hausarbeit, Bachelor- und Masterarbeit

- Ihr eigenes eBook und Buch - weltweit in allen wichtigen Shops

- Verdienen Sie an jedem Verkauf

Jetzt bei www.GRIN.com hochladen und kostenlos publizieren

Bibliografische Information der Deutschen Nationalbibliothek:

Die Deutsche Bibliothek verzeichnet diese Publikation in der Deutschen National-
bibliografie; detaillierte bibliografische Daten sind im Internet über http://dnb.d-
nb.de/ abrufbar.

Impressum:

Copyright © 2017 GRIN Verlag, Open Publishing GmbH
Druck und Bindung: Books on Demand GmbH, Norderstedt Germany
ISBN: 9783668500402

Dieses Buch bei GRIN:

http://www.grin.com/de/e-book/372327/anmerkungen-zur-intertextualitaet-von-
grimms-haensel-und-gretel-und-walter

Tetiana Komakha

Anmerkungen zur Intertextualität von Grimms "Hänsel und Gretel" und Walter Moers' "Ensel und Krete"

Die Transformation der Hexe in beiden Märchen

GRIN Verlag

Goethe Universität

Institut für deutsche Literatur und ihre Didaktik

Hauptseminar Literaturwissenschaft:

Intermedialität und Intertextualität

Die Transformation der Hexe: Anmerkungen zur Intertextualität von Grimms *Hänsel und Gretel* und Walter Moers' *Ensel und Krete - Ein Märchen aus Zamonien*

Vorgelegt von

Tetiana Komakha

10.07.2017

Inhaltsverzeichnis

1 Einleitung

Intertextualität ist heute vielleicht mehr als vor 200 Jahren evident. Die Fülle der Diskurse und das Phänomen der Massenmedien lassen Texte ganz einfach beinahe notwendig als jene aus anderen Texten bestehende Mosaike erscheinen, die sie natürlich auch zu Zeiten der Brüder Grimm schon waren. Der Titel von Walter Moers' zweitem Roman, *Ensel und Krete*, jedenfalls macht unmissverständlich deutlich, dass der Autor mit Intertextualität spielt. Der Name des Erzählers, Hildegunst von Mythenmetz, bezieht des Weiteren bereits zur Intertextualität Stellung, d.h. er legt einen bestimmten Habitus an den Tag, wie Intertextualität hier sozusagen realisiert werde. Ein „Mythos" nämlich ist ein „albernes Kinderschreckmärchen."[1] Der zamonische Großschriftsteller Mythenmetz hat die „frühzamonische Urversion von Ensel und Krete"[2] offenbar zurecht hämmern müssen bei deren Überlieferung. Einen eigenständigen und wichtigen Teil nimmt im Roman dann auch die Biografie des Mythenmetz ein. Alles ist zusammengebaut, konstruiert, recycelt im Universums Moers'; der Anspruch auf Authentizität, - etwa der Anspruch darauf, die Urversion darzustellen, - gibt so nur mehr Anlass zu einer humoristischen Abschweifung.

Vielfach ist angemerkt worden, dass Moers im Zamonien-Zyklus aus einer Fülle von biblischen und nordischen Motiven, sowie von Motiven aus dem Artus-Kreis, schöpft. Moers legt im Übrigen Wert darauf, dass er seine Quellen diskreditiere.[3] Die Fragestellung der Arbeit bezieht sich vor diesem Hintergrund auf einen Topos, der in politisch-moralischer Hinsicht nicht neutral sein kann, nämlich den Topos der Hexe. Wohin führt Moers' Mythen-Metzerei bei dieser historisch belasteten Figur? In welcher Weise transformiert sich der Topos der Hexe mit Moers' Waldspinnenhexe in *Ensel und Krete*? Handelt es sich hierbei lediglich um eine Abstraktion in Hinblick auf Gender? Wäre die Waldspinnenhexe demnach nicht mehr weiblich und der Topos der Hexe gleichsam als Idee ent-weiblicht wie Sabrina Wallstein darstellt?[4] Oder lassen sich andere Kategorien finden, die die gestellte Frage besser beantworten?

1 Walter Moers: Ensel und Krete: Ein Märchen aus Zamonien von Hildegunst von Mythenmetz. München: Verlagsgruppe Random House ²¹2002, S. 117.
2 Ebd., 200.
3 Vgl. Sebastian Speth: Die Arbeit am Mythos des Hildegunst von Mythenmetz: Walther Moers' Zamonien-Romane, in: Zeitschrift für Fantastikforschung 4:1 (2014), S. 83.
4 Vgl. Sabrina M. Wallstein: Intertextualität zwischen Jakob und Wilhelm Grimms *Das Brüderchen und das Schwesterchen* und Walter Moers *Ensel und Krete Ein Märchen aus Zamonien*, Examensarbet am Germanistischen Institut der Högskolan Dalarna. Falun 2014, url: http://du.diva-portal.org/smash/get/diva2:689887/FULLTEXT02.pdf [zuletzt aufgerufen am 21.6.2017].

In einem ersten Schritt wird eine theoretische Annäherung an Intertextualität unternommen; dies insbesondere in Anlehnung an Julia Kristeva (Kap. 2). Für die Textanalyse folgt daraus erstens, dass wir uns nur auf die Texte und nicht auf die Biografien der Autoren beziehen, und zweitens, dass Intertextualität nicht nur zwischen zwei Texten analysiert werden kann, sondern immer nur in einem Netzwerk von Texten, das sich im Mosaik der Texte in Texten eben je schon spiegelt.

Wir gehen sodann für die eigene Textanalyse davon aus, dass Moers' Waldspinnenhexe selbst ein Konglomerat unterschiedlicher Mythen darstellt, die gegen einander in Anschlag gebracht werden.[5] Die Arbeit identifiziert daher zunächst den Europäischen Mythos der Hexe bei den Brüdern Grimm und bei Moers (Kap. 3). Sodann fragen wir nach anderen Quellen, die Moers gegen den Europäischen Mythos in Stellung bringt (Kap. 4). Was ist damit aus dem Topos *Hexe* geworden? (Kap. 5).

2   Intertextualität

Julia Kristeva entwickelte den Begriff der Intertextualität im Rahmen ihrer Auseinandersetzung mit den Thesen Mikhail Bakhtins zur Dialogizität, bzw. im Rahmen von deren Vertiefung.[6] Intertextualität löst hier Intersubjektivität ab, denn

> „jeder Text baut sich als Mosaik von Zitaten auf, jeder Text ist Absorption und Transformation eines anderen Textes. An die Stelle des Begriffs der Intersubjektivität tritt der Begriff der Intertextualität, und die poetische Sprache läßt sich zumindest als eine doppelte lesen."[7]

Die absorbierten Texte sind also noch vorhanden, und zwar in Doppeldeutigkeiten. Der neue Text – im Sinne der in Schrift gesetzten Zeichen – birgt die absorbierten Texte im Modus multipler Bedeutung und Transformation. *Text* meint bei Kristeva nun aber nicht nur einen Korpus in Schrift gesetzter Zeichen. Text ist vielmehr, was sich den Lesenden, den Empfängern der Kommunikation, entziffert. Die Lesenden sind damit letztendlich die Herstellenden des Textes, in den sich Geschichte und Gesellschaft aber je schon

---

5   Vgl. Speth, Arbeit, 83.
6   Julia Kristeva: Bachtin, das Wort, der Dialog und der Roman, in: Literaturwissenschaft und Linguistik, Bd. II,3: Zur linguistischen Basis der Literaturwissenschaft. Frankfurt/M.: Fischer Athenäum 1972, S. 345-375.
7   Ebd., 348.

eingeschrieben haben. Was intersubjektive Interaktionen zwischen Sender und Empfänger waren, sind nun Interventionen Lesender im Textraum. Dies alles bedeutet nicht Willkür, - wir sind angesprochen durch eine bestimmte „*Schreibweise*",[8] - sondern meint die Sprengung strukturalistisch-systematischer Bedeutung. Die poetische Sprache ist im poststrukturalistischen Ansatz Kristevas gewissermaßen so auch ein Stück Erinnerung daran, dass Ambivalenz der Bedeutung überhaupt existiert und möglich ist. Die Ambivalenz der Bedeutung steckt letztlich aber in jedem Wort. Und genau diese Ambivalenz des Wortes, die Freiheit der doppelten Lesart, ist es auch, in der die geschichtlichen und gesellschaftlichen Prozesse sich in die Texte einschreiben und immer schon eingeschrieben haben.[9]

Sowohl die Brüder Grimm als auch Moers positionieren ihre Publikationen unmittelbar und explizit in einem intertextuellen Zusammenhang. Moers' Titel zielt überhaupt auf eine direkte Verknüpfung mit dem Grimm-Text, einem Gemeingut deutscher Nationalkultur im Übrigen. Man könnte dies eine aggressive intertextuelle Grundhaltung nennen (s. auch Kap. 1). Die Brüder Grimm wiederum fungieren als Herausgeber. Sie beziehen sich hierbei auf eine mündliche Tradition. Kristevas Begriff von Text ist also angemessen und hilfreich. Wenn wir des Weiteren die Fragestellung nun auf die Tradition der Hexe lenken, so ist offensichtlich, dass es trotz dessen direkter Intertextualität nicht ausreicht, Moers' Roman als Parodie oder Transformation des Grimm-Märchens einzustufen. Eher geht die Tradition der Hexe durch beide Texte hindurch; während Grimms Hexe bereits eine pädagogische Brille an alte Geschichten anlegt (s. Kap. 3.1), ging im Zuge der nonkonformistischen Bewegungen der 1960er Jahre, der New-Age-Bewegung usw. ausgesprochen viel Lesearbeit in den Textraum *Hexe* ein; ein Prozess, den Moers' Text allerdings sicherlich absorbiert hat. Wir müssen zunächst also fragen, wie der Europäische Mythos der Hexe in beiden Texten eingeschrieben ist.

---

8 Ebd., 351.
9 Vgl. ebd., 345-375.

3 Literarische Hexen und der volkstümliche Hexenwahn

3.1 Grimms Hexe

Das Phänomen der Hexenverfolgungen ist ein zwar viel erforschtes aber immer noch sehr dunkles Kapitel Europäischer Geschichte. Die Todesopfer werden in jüngerer Zeit wieder höher eingeschätzt. Die bewusste Ziffer schwankte in der Geschichte ihrer Erforschung zwischen ca. Zwanzigtausend und mehr als Fünfzigtausend. Diese Forschungsgeschichte selbst entspricht so tatsächlich in sehr anschaulicher Weise der Fortschreibung eines Textes. Die ersten Belege von Hexenprozessen stammen aus dem 14. Jh. Als die eigentliche Epoche des Hexenwahns muss man die Zeit von etwa 1550 bis 1650 bezeichnen. Es ist kein Konsens in Sicht bezüglich einiger zentraler Rätsel, erstens etwa darüber, wer die Hexen gewesen sein könnten, falls sie nicht nur eine irrationale Projektion, die Gerichtsapparat und Bevölkerung gleichermaßen teilten, darstellen. Es gibt hierzu eine Vielzahl ernstzunehmender Thesen in der Religionswissenschaft. Zum Einen könnten die Hexen eine Schicht vorchristlicher Religion agrarischen Umfelds und Ursprungs repräsentieren. Von einer Christianisierung der ländlichen Bevölkerung kann man in Europa ja erst frühestens ab dem 14. Jh. sprechen. Bei zunehmender Christianisierung würden nun die Strukturen vorchristlicher bäuerlicher Religion sichtbar. Menschenopfer etwa, die ja auch von den Hexen überliefert sind, kannten die archaischen agrarischen Religionen Europas mit großer Wahrscheinlichkeit. Eine unter vielen Theorien identifiziert die Hexen des Europäischen Mittelalters derart mit ethnografischen Aufzeichnungen mutmaßlich jungsteinzeitlicher Religion im agrarischen Umfeld Bulgariens aus dem 18. Jh.. Umgekehrt jedoch wurde ebenso stimmig vertreten und in Quellen rekonstruiert, dass im 15. Jh. Esoteriker und Geheimbünde eine gewisse Blüte erlebt hätten. Die Hexerei, die hier betrieben worden sein könnte, wäre dann eine frühneuzeitliche Schöpfung, die am Übergang von Magie zu Technik mit alchemistischen Denkschulen in Verbindung stünde und deren eigentlicher Inhalt in der Verzerrung der christlichen Propaganda, als die wir dann die Überlieferung bezeichnen müssten, vermutlich für immer verloren bliebe. Parallel hierzu konnte in einigen detaillierten historischen Untersuchungen auch dargestellt werden, wie Hexenverfolgungen in bestimmten Städten genau dann einsetzten, wenn die Gemeinschaft besonderem Druck von innen oder außen ausgesetzt war. Offensichtlich diente der Hexenwahn hier als realpolitisch einsetzbare Entlastung.[10]

Vor dem Hintergrund dieser Unklarheiten darf Grimms Hexe gewissermaßen als sichere Quelle des Europäischen Hexenmythos gelten. Es gibt mithin auch keinen wirklichen Grund anzunehmen, dass insbesondere der Topos der Hexe im Kern des Märchens als mündliche Überlieferung nicht aus der Hochzeit des Hexenwahns stammte. Man hat darauf hingewiesen, dass Grimms Märchen stark pädagogische Züge aufweist. Die Hexe des Volksglaubens sei so „zum Kinderschreck stilisiert".[11] Und sicherlich ist die Märchenhexe des 19. Jh. bereits eine Transformation der Hexe volkstümlicher Vorstellungen des 16. und 17. Jh.[12] Wenn wir jedoch Grimms Hexe mit der älteren christlichen Propaganda und den darin wohl überlieferten volkstümlichen Vorstellungen vergleichen, so zeigt sich vor allem eine Parallele. In einschlägigen Quellen des 16. und 17. Jh. können Hexen zwar durch die Luft fliegen, treffen sich mit anderen Hexen zum Hexensabbat und haben Sex mit dem Teufel. All dies zeichnet Grimms Märchenhexe nicht mehr aus. Die große Gemeinsamkeit bleibt jedoch das Kindesopfer.[13] Im Märchen wird dieses wesentliche Charakteristikum der Volkshexe im Urteil der vorliegenden Arbeit nun lediglich aus der Perspektive der Kinder heraus fokussiert und so zum zentralen Fluchtpunkt der Geschichte, der im Bestehen der Herausforderung sich allerdings dann ins Positive umkehrt. Bis zu diesem Punkt bildet der Gang zur Schlachtbank, an der die Hexe schon lauert, aus der Sicht der Menschenopfer den Kern der Geschichte. Man mag dabei die Eltern verdächtigen, dass sie ihre Kinder in gewisser Weise rituell an das Opfer ausliefern, man mag selbst noch einen Initiationsritus assoziieren, der von vornerein die Überwältigung der Hexe im Blick habe. Entscheidend ist das Ultimum der Hexe; sie ist die Vollstreckerin des Endes. In ihrem Angesicht sehen die Opfer die äußerste Bedrohung ihres eigenen Daseins überhaupt.

Wie auch immer pädagogisch instrumentalisiert hält die Märchenhexe demnach einen Spiegel hoch, in dem sich die Angst immer noch reflektiert, die dem Hexenwahn zu

---

10 Vgl. Michael D. Bailey: Historical Dictionary of Witchcraft, 2003, in: Iowa State University Digital Repository, url: http://lib.dr.iastate.edu/history_books/3/ [zuletzt aufgerufen am 8.7.2017]; Wolfgang Behringer: Erträge und Perspektiven der Hexenforschung, in: Historische Zeitschrift 249 (1989), S. 619-640 und Mircea Eliade und Ioan P. Culianu: Handbuch der Religionen. Zürich: Artemis 1990.
11 Denise Turner: Vom Lebkuchenhaus und dessen Bewohnerin: Die Hexe im Märchen. Hamburg: Bachelor + Master Publishing 2014, S. 10.
12 Vgl. Heinrich J. Dingeldein: Hexe und Märchen, in: Sigrid Früh (Hrsg.): Die Frau im Märchen. Kassel: Röth 1985, S. 50-59.
13 Vgl. Turner, Lebkuchenhaus, 10.

dessen Hochzeit schon seine Energie verliehen hat. Die alte Hexe wird dabei als eine Meisterin der Verstellung dargestellt; sie spricht mit „feine[r] Stimme“.[14] Ihr Lebkuchenhaus ist ein trügerisches Idyll, sodass Hänsel und Gretel schließlich meinen, „sie wären im Himmel.“[15] Dem Erzähler ist es an dieser Stelle wichtig, auszuholen und die Ordnung der Welt zu referieren. Offensichtlich ist diese eben ganz und gar nicht mehr; das Blendwerk der Hexe ist ihre große Stärke:

> „Die Alte hatte sich nur so freundlich angestellt, sie war aber eine böse Hexe, die den Kindern auflauerte, und hatte das Brothäuslein bloß gebaut, um sie herbeizulocken. Wenn eins in ihre Gewalt kam, so machte sie es tot, kochte es und aß es, und das war ihr ein Festtag.“[16]

Die Hexe wird als „steinalte Frau“ vorgestellt,[17] aber nicht als unkultiviert. Der Glamour von „Milch und Pfannekuchen mit Zucker, Äpfel[n] und Nüsse[n]“[18] würde sonst auch nicht funktionieren. Die Hexe arbeitet mit den Klischees von Mütterlichkeit und Versorgung in einem Moment, in dem die Opfer Hunger leiden. So versiert ihre Verstellung jedoch auch sein mag; im Endeffekt ist sie nicht sehr schlau. Gretel ist es im entscheidenden Moment ein Leichtes, sie auszutricksen. „‚Dumme Gans‘[...]“,[19] ruft sie noch aus und ist dabei selbst schon die Überlistete. Gretel hat sie offenbar gar keinen Widerstand mehr zugetraut.

Wir sehen also Alter, Blendwerk und selbstsichere Dummheit als ihre hauptsächlichen Attribute. Auch in den Quellen aus der Zeit des Hexenwahns sind die Hexen nicht explizit hässlich. Zu jener Zeit ist allerdings das Phänomen der männlichen Hexer noch virulent.[20] Ansonsten sehen wir in Grimms Hexe, die mehr prinzipiell als geographisch von den Menschen abgeschirmt ist, weil sie ihre Zugehörigkeit zur Zivilisation eben nur als Blendwerk vortäuscht, wohl das allgemeine Vorurteil eingeschrieben, das die Gemeinschaft unerklärlichen fremdartigen Praktiken im Zuge des Hexenwahns entgegenzubringen bereit war und das die Hexen wie vermeintliche solche in Verfolgungszeiten dann traf.

---

14 Jacob und Wilhelm Grimm: Kinder- und Hausmärchen. Ausgabe letzter Hand. München: Winkler 1977, S. 121.
15 Ebd., 122.
16 Ebd.
17 Ebd., 121.
18 Ebd., 122.
19 Ebd., 124.
20 Vgl. Turner, Lebkuchenhaus, 10.

8

Beide Texte, - Grimms Märchen und die christliche Propaganda bzw. die volkstümliche Vorstellung von Hexe im 16. und 17. Jh., - stellen den Kannibalismus der Hexe in keinerlei Kontext außer den eines absurden Hedonismus. Das Märchen braucht für diese Perspektive natürlich keine Entschuldigung, da es aus der Sicht der potentiellen Menschenopfer erzählt. Das Menschenopfer in archaischen agrarischen Religionen (s. oben) stünde per se allerdings natürlich in festgesetzten Kontexten, die es auch erklärten, wie barbarisch diese Erklärungen auch sein mögen. Das Märchen der Grimm funktioniert in diesem Zusammenhang genauso wie die christliche Propaganda des 15., 16. und 17. Jh. Beide Texte repräsentieren eine Auslöschung von Bedeutung durch die völlige Umdeutung mittels Eingliederung des Phänomens in das eigene System. Die Hexe feiert während sie das Kinderfleisch isst. „Festtag"[21] lässt noch die Bedeutung von Ritual anklingen. Die ältere christliche Propaganda spricht zudem von einer absurden Sexualität mit dem Widersacher Gottes (s. oben). Sexualität klingt auch noch im Märchen an, wenn Hänsel der Hexe das dünne „Knöchlein"[22] herausstreckt. Die hätte freilich etwas anderes gewollt. Die Kinder spielen nicht mit bei dem Ritual und die Hexe ist wie gesagt nicht die Hellste. Aber dies alles wird nur erzählt, insoweit es für den Plot unbedingt nötig ist. Die Verknüpfung der Hexe mit dem absolut negativen des christlichen Systems erklärt die Welt und der Text der Hexen wird ansonsten verschwiegen.

Die Hexe lässt sich überlisten. Auch hierin gleichen sich beide Texte, - Grimms Märchen und die ältere christliche Propaganda, - dass sie eine Bewältigung darstellen. Parallel zur Bewältigung der Hexe finden wir die Überlistung des Teufels. Das Motiv erstreckt sich von den *Kinder- und Hausmärchen* Grimms[23] bis zu den *Tischreden* Luthers.[24] Auch der Teufel ist nicht der Hellste. Der Teufel aber ist ein Geistwesen. Wenn er überlistet ist, poltert und rumort es noch einmal.[25] Wenn es in der Parallele dazu hingegen die Hexe zu überlisten gilt, so stellt sich hier der Bewältigung ein realer physisch-menschlicher Körper entgegen. Die Bewältigung der Hexe bedeutet so für Gretel auch, die Hexe in der Konfrontation töten zu müssen. Dies entspricht dann ja auch der amtlichen Vorgehensweise zur Zeit des Hexenwahns.

---

21 Grimm, Kinder- und Hausmärchen, 122.
22 Ebd., 123.
23 Vgl. ebd., 770f.
24 Vgl. z.B. Martin Luther: D. Martin Luthers Tischreden: 1531-1546, Bd. 6: Tischreden aus verschiedenen Jahren, in: ders.: D. Martin Luthers Werke: Kritische Gesamtausgabe, hrsg. v. J.K.F. Knaake et al.: Abteilung 2: Tischreden. Weimar: Hermann Böhlaus Nachfolger 1921, S. 205-210.
25 Vgl. ebd., 209f.

„‚Dumme Gans,' sagte die Alte, ‚die Öffnung ist groß genug, siehst du wohl, ich könnte selbst hinein,' krabbelte heran und steckte den Kopf in den Backofen. Da gab ihr Gretel einen Stoß, daß sie weit hineinfuhr, machte die eiserne Tür zu und schob den Riegel vor. Hu! da fing sie an zu heulen, ganz grauselig; aber Gretel lief fort, und die gottlose Hexe mußte elendiglich verbrennen. Gretel aber lief schnurstracks zum Hänsel, öffnete sein Ställchen und rief ‚Hänsel, wir sind erlöst, die alte Hexe ist tot!'"[26]

Gretel begründet hier fast so etwas wie die Tradition der starken Mädchen der Weltliteratur, die dann über Pippi Langstrumpf[27] bis hin zu heutigen Actionheldinnen ala Katniss Everdeen[28] reichen wird. Gretels Geistesgegenwart, Tüchtigkeit und Schlagfertigkeit entfalten sich jedoch ausschließlich vor dem Hintergrund des Zweikampfs auf Leben und Tod mit der bösen Alten. Dass das Märchen wie gesagt die Position Jener einnimmt, die im nächsten Moment auf der Schlachtbank landen sollen, macht alle Fragen nach Legitimität obsolet. Dennoch kann von einer Bewältigung offensichtlich keine Rede sein. In pädagogischer Wendung wird die volkstümliche Vorstellung der Hexe insgesamt somit zur Folie einer Nicht-Bewältigung, zum absolut zu bekämpfenden Alten, Bösen und Bedrohlichen.

Insgesamt schreibt das Märchen also trotz pädagogischer Wendung die dominanten Texte aus der Zeit der Hexenverfolgung fort; es behält deren Schreibweise (s. Kap. 2) bei, sowohl, was die diskursive Auslöschung der hexerischen Praktiken durch die vollkommene Verschweigung sinnstiftender Kontexte betrifft, als auch, was den Appell und die Notwendigkeit zur physischen Auslöschung der Hexe betrifft. Letztere wird mit der pädagogischen Wendung allerdings dem Mädchen aufgebürdet.

3.2   Die Waldspinnenhexe

Auch in Moers' Text spielt die Waldspinnenhexe zum Einen eine zentrale Rolle. Sie ist der Grund dafür, dass die Touristen nur den von den Buntbären streng organisierten Teil des Waldes betreten dürfen,[29] das Touristenparadies Bauming nämlich. Zum Anderen

---

26 Grimm, Kinder- und Hausmärchen, 124.
27 Vgl. Astrid Lindgren: Pippi Langstrumpf. Gesamtausgabe in einem Band. Hamburg: Öetinger 1987.
28 Vgl. Suzanne Collins: Die Tribute von Panem, 3 Bde. Kindle Edition. Hamburg: Oetinger 2012.
29 Vgl. Moers, Ensel, 24-26.

jedoch ist die Waldspinnenhexe auch nur eine der vielen illustren und geheimnisvollen Daseinsformen im mythologischen Gewimmel Zamomiens, neben etwa Druidenbirken oder Sternenstaunern.[30] Gerade in diesem Oszillieren zwischen zentraler die Geschichte konstituierender Figur und einer Kuriosität unter Vielen liegt nun, wie wir sehen werden, eine Methode der Dekonstruktion.

Als zentrale Figur begründet die Waldspinnenhexe wie gesagt das Verbot, tiefer in den Forst vorzudringen. Die Buntbären haben bei der Errichtung Baumings ein Exemplar der Waldspinnenhexe entdeckt und verbrannt. Ihr Biss und jenes Sekret, das sie ausstößt, gelten seither als hochgiftig.[31] Indes hat sich die Pädagogisierung des Topos der Hexe vervollständigt. Im Vergleich zum Märchen der Brüder Grimm ist hier kein archaisches Opfer und auch keine Initiation mehr übriggeblieben, der sich die Kinder stellen müssten. Statt dessen besteht die Hexe primär in ihrer Funktion, ein Verbot zu markieren und dementsprechend Angst zu erzeugen. Bekanntlich befördert das Verbot aber nicht nur die Angst sondern auch den Wunsch. Ensel lässt in diesem Sinne verlauten: „,Und wenn schon! Ich möchte mal richtig in den Wald, nicht nur auf den doofen Wegen rumschleichen. Ich will mal eine Höhle finden. Ich will auf einen Baum klettern.'" Und seine Schwester Krete mahnt ganz im Sinne der Hexen-Pädagogik: „,Dann holt dich die böse Hexe!'"[32] Was in Folge dann die zentrale Rolle der Waldspinnenhexe für die Geschichte ausmacht, ist die Angst vor ihr, die die Kinder beherrscht. Sie sehen und hören die Hexe überall, aber mal ist es nur ein Tier,[33] und mal nur ein entfernter Gesang.[34] Während die Hexe also zur abstrakten pädagogischen Figur geworden ist, die sich in Bezug auf ihren Inhalt vollends in Vagheit aufgelöst hat, befinden wir uns hier, anders als in Grimms Märchen, nicht mehr auf einem geraden Weg zur Schlachtbank, sondern eher auf der philosophischen Suche nach der Hexe, von der „man" eben nur „munkelt", dass sie hier im Wald „ihr Unwesen" treibe; „ganz geheuer" ist es „im Innere[n] des Waldes" auch „aus anderen Gründen" nicht.[35] Wir sehen also, dass Moers' Text die zentrale Rolle der Hexe – in radikalisierter pädagogischer Wendung – zwar zunächst anerkennt, aber nur um sie dann aus dem Zentrum zu rücken und ihr so Wichtigkeit und Ernsthaftigkeit zu nehmen.

---

30 Vgl. ebd., 2.
31 Vgl. ebd., 24-26.
32 Ebd., 31.
33 Vgl. ebd., 63.
34 Vgl. ebd., 71.
35 Ebd., 67.

Zudem wird der Begriff der Hexe auch von innen heraus ausgehöhlt. Interessant ist hierbei, dass der Text, anders als Grimms Märchen, danach fragt, was eine Hexe denn eigentlich sei. Im Zuge einer Mythenmetzschen Abschweifung[36] erfahren wir dann, dass „unter den Oberbegriff Hexen" unterschiedliche Daseinsformen fallen, etwa „Haselhexen, Druidenschrecksen, Almmumen, Ätherfrauen, Kornweiber" oder „Hutzenhexen".[37] Mythenmetz gibt allerdings unumwunden zu: „Auch ich habe nicht die geringste Ahnung, was Hexen tatsächlich sind."[38] Die Mythenmetzsche Abschweifung ist von Ausführlichkeit und Sorgfalt gekennzeichnet, sowie von einem richtungslosen Interesse für Alles; derart ist sie auch nicht anfällig für Instrumentalisierungen irgendwelcher Form. Diese interesse- und tendenzlose Rationalität der Mythenmetzschen Abschweifung setzt den Oberbegriff der Hexe also zwar in aller gebotenen Breite auseinander, erzielt dabei aber lediglich das Ergebnis seiner vollständigen Entleerung. Hexen sind am Ende so vielleicht gar nur eine „Idee. Ein Mythos. Ein albernes Kinderschreckmärchen."[39]

Zugleich bleibt die von Angst getriebene philosophische Suche nach der Hexe aber auch zentral. Die Kinder lauschen in diesem Zusammenhang den Weisheiten der Sternenstauner,[40] und treffen auch den See, der einmal ein Meteor gewesen ist und von dem es heißt, dass die Hexe mit ihm auf die Erde gekommen sei. Die Meinungen über die Waldspinnenhexe driften auseinander „‚Ich weiß nur, daß etwas in mir drin war, viele Millionen Jahre lang. Gefroren. Tot, wie ich dachte. Aber als ich schmolz, wachte es wieder auf. Und ging in den Wald'", erzählt der See.[41] Bei so viel Unbestimmtheit allerorten getraut sich Krete auf ihrer langen Wanderung fast nur mehr „wie nebensächlich" zu fragen: „‚Gibt es da, wo wir nicht hingehen sollen, eine Hexe?'"[42]

Ein erstes Mal nahe an die Hexe heran kommen die Kinder unter dem Einfluss halluzinogener Drogen, die im Hut der Hexe ihren Ursprung haben. Den Buntbären war es nämlich nicht gelungenen, den „hutförmigen Kopfpanzer des Monstrums"[43] mit der damals gefundenen verendeten Waldspinnenhexe zu verbrennen. Der Kopfpanzer wurde daher vergraben. An eben dieser Stelle schossen aber schwarze Pilze aus dem Boden.

---

36 Vgl. ebd., 115-117.
37 Ebd., 116.
38 Ebd., 117.
39 Ebd.
40 Vgl. ebd., 162ff.
41 Ebd., 134.
42 Ebd., 142.
43 Ebd., 111.

Man weiß von einem Buntbär namens Boris Boris, dass er sich hieraus einmal ein „üppiges Hexenhutragout" gekocht hatte. „Er verlor dadurch den Verstand, hatte keine Kontrolle über seine Hände mehr und belästigte gelegentlich Touristen."[44] Unter den Einfluss dieser Droge gelangen auch die Kinder.[45] Der spitze Hexenhut wird daraufhin eine fast typische Halluzination im Zwielicht des Waldes. Durch das Halluzinogen induziert erlebt Ensel auch eine Vision, in der er selbst – analog zum Meteor - zum Ursprung der Waldspinnenhexe wird:

> „Ein großes, langbeiniges und bösartiges Wesen bewegte sich in Ensel und streckte die Glieder. Er spürte, wie es sich auf dem Grunde des Sees erhob und seine Beine (es waren acht) erprobte. Das Monstrum (es fühlte sich an wie ein Monstrum) wankte ein wenig hin und her, trat dann fest auf und stieg aus Ensel hinaus."[46]

Möglicherweise ist auch die Langzeitwirkung des Halluzinogens der Grund dafür, warum die Kinder bei ihrer eigentliche Begegnung mit der Hexe auf deren Lichtung, - und auch das Häuschen fehlt nicht, - Jene in einer Weise wahrnehmen, die nun plötzlich doch ganz dem Klischee entspricht:

> „Eine lange gekrümmte Nase ragte aus dem Gesicht, bösartige kleine Augen funkelten Ensel an, rote Iris, violette Pupillen. Grünlich die echsenhafte Haut, durchsetzt mit Warzen und dicken Adern, grünbraun die Hände, gelbe lange Fingernägel an langgliedrigen Fingern."[47]

Grimms Hexe hat rote Augen.[48] Ansonsten repräsentiert das Äußere der Waldspinnenhexe hier eine Verdichtung des Abstoßenden und Hässlichen, die wohl mit der pädagogischen Instrumentalisierung zusammenhängt. Wo das Furchtbare nun aber passiert ist und Ensel und Krete im Hexenhaus gefangen sind, da wird kurzerhand die Dramaturgie geändert. Alle „zamonischen Märchen" enden „traditionell tragisch".[49] Mythenmetz muss deshalb eine „revolutionäre Tat" setzen, „neben der sogar die Mythenmetzsche Abschweifung"

---

44 Ebd.
45 Vgl. ebd. 110ff.
46 Ebd., 132.
47 Ebd., 196.
48 Vgl. Grimm, Kinder- und Hausmärchen, 122.
49 Moers, Ensel, 200.

verblasst, und die Kinder sich befreien lassen.[50] Gemeinsam mit dem verrückten Boris Boris überwinden sie die Hexe also. „Dann klaffte dort, wo die Hexe gewesen war, nur noch ein tiefes schwarzes Loch".[51]

Insgesamt steht der Europäische Mythos der Hexe stark im Hintergrund des Textes Moers', was insbesondere an der intensiven Bemühung um dessen Dekonstruktion spürbar wird. Anerkennend wird der Mythos der Hexe so auch zunächst ins Zentrum gerückt, aber nur um ihn daraus zu verdrängen. Was im Zentrum steht ist freilich der zur bloßen pädagogischen Funktion gewordene Mythos. Die Mittel zu seiner Verdrängung reichen von der Abschweifung, die den Mythos durch vergleichbare äußere Phänomene relativiert und durch zielloses Sinnieren inhaltlich aushöhlt, über Drogenkonsum der ProtagonistInnen, der die Realität der Hexe prinzipiell in Frage stellt und ihre Psychologisierung noch weiter vorantreibt, bis hin zur revolutionären Umwälzung traditioneller zamonischer Dramaturgie. Dass an die Stelle des Mythos dereinst wirklich ein *tiefes schwarzes Loch* trete, scheint mithin so etwas wie ein Fernziel des Textes darzustellen.

4   Zu Moers' Quellen

Wenn man von dem Gedanken ausgeht, dass Moers in seinem Text unterschiedliche Mythenkomplexe gegeneinander ausspielt,[52] so stechen im Zusammenhang der Waldspinnenhexe vor allem zwei Komplexe ins Auge, die sich schon im Namen dieses Wesens abzeichnen. Zum Einen ist das die Europäische Hexe und zum Anderen die Spinne. Ohne auf die Quellen der Spinne im Einzelnen einzugehen ist doch offensichtlich, dass der für die Konstitution der Waldspinnenhexe so wesentliche Komplex der Spinne rein gar nichts mit dem Mythos der Europäischen Hexe zu tun hat. Oben sprachen wir von der Doppeldeutigkeit des Wortes (s. Kap. 2). Mit der Kreation der Waldspinnenhexe induziert Moers gewissermaßen eine weitere notwendige Doppeldeutigkeit in den Textraum *Hexe*. Die Waldspinnenhexe kann gar nicht das sein, was wir von den Brüdern Grimm und Anderen über die Hexe wissen.

---

50 Ebd., 204.
51 Ebd., 223.
52 Vgl. Speth, Arbeit, 83.

14

5 Zur Transformation der Hexe

Eines ist allerdings spätestens an diesem Punkt klar geworden: die Transformation von Grimms Hexe zur Waldspinnenhexe erschöpft sich keinesfalls in einer Abstraktion von Gender (s. Kap. 1). Fraglich ist, ob sich eine derartige Abstraktion überhaupt vollzieht, denn auch die Spinne ist primär weiblich konnotiert. In welcher Weise lässt sich aber besagte Transformation dann beschreiben bzw. kategorisieren? Das bisher Gesagte zusammenfassend sehen wir hier vor allem zwei Bewegungen.

Zum Einen hat sich die Pädagogisierung der Hexe, die sich in Grimms Märchen abzeichnet, in Moers' Text vervollständigt. Die Hexe ist zu einer bloßen pädagogischen Funktion geworden. Als solche nimmt sie im Aussehen weitaus klischeehaftere Züge an als Grimms Hexe und bestimmt nach wie vor den Verlauf der Handlung. Die Kinder sind dabei aber nicht nur von Angst geleitet; ihre Wanderung wird zu einer philosophischen Suche nach dem Ursprung ihrer Angst.

Zum Anderen wird die Hexe aus dem Zentrum gestoßen. Sie ist eine Gefahr unter vielen Gefahren, eine merkwürdige Daseinsform neben anderen. Zudem gibt es beinahe so viele Meinungen über sie wie Bewohner des Waldes. Was eine Hexe eigentlich sei, kann nur mit einer Abschweifung beantwortet werden, die die Möglichkeiten ins Endlose vervielfacht und keine Gewissheiten zurücklässt. Ist sie Halluzination und Schöpfung der kindlichen Psyche selbst? Ist sie ein Mythos und Kinderschreckmärchen? Wenn sie acht Beine hat, wieso hat sie dann nur eine Nase? Weitere Abschweifungen führen nur zu weiteren Fragen. Selbst noch ihre Physiognomie bleibt verschwommen zwischen Frau und Spinne. Moers' Text aber verfolgt genau die Strategie, die Waldspinnenhexe mit derartigen Fragen solange zu löchern, bis sie selbst am Ende nur mehr ein tiefes schwarzes Loch an jener Stelle übriglässt, an dem die Hexe in den Diskursen ihren Ort hatte.

6 Fazit und Ausblick

Die Arbeit hinterging in ihrer Struktur gewissermaßen den aggressiven intertextuellen Anspruch, den Moers schon im Titel seines zweiten Romans, *Ensel und Krete*, anmeldet. Sie verfolgte nämlich die These, dass sich die Tradition der Hexe eher durch beide Texte, das von den Brüdern Grimm herausgegebene Märchen und den Roman Moers, hindurchzieht, als dass Moers' Text hier sozusagen strickt die Kontrolle behielte. Wir fragten daher zunächst, wie sich der Europäische Mythos der Hexe in beide Texte eingeschrieben hat. Grimms Hexe repräsentiert in diesem Zusammenhang in Vielem die Ängste und Vorurteile, die den Hexenwahn des 16. und 17. Jh. beseelten. Die Hexe ist eine alte alleinstehende Frau, die unerklärliche fremde Riten praktiziert. Ihre Integration in die Gesellschaft ist nur Blendwerk. In pädagogischer Wendung wird die Bedrohung, die von ihr ausgeht und die zur Zeit des Hexenwahns noch staatlich abgewehrt wurde, zu einer Art Initiation; die Bedrohung wird überwindbar. Die Hexe wird damit aber einmal mehr zum Symbol des Bösen und absolut Zu-Bekämpfenden schlechthin. Dieselbe Schreibweise erkennen wir schon an der älteren christlichen Propaganda, auch diese stellt im Übrigen eine Bewältigungs-Literatur dar. Das Märchen schreibt außerdem die Auslöschung von Bedeutung fort, die sich mit der vollständigen Kontextlosigkeit der hexerischen Praktiken in den Quellen des 15., 16. und 17. Jh. vollzieht und löst das Hexen-Problem genauso wie die Inquisition, wobei es die Tötung der Hexe allerdings – mit der Individualisierung und Psychologisierung, sie sich insgesamt im Text anbahnt, - einem Mädchen auferlegt.

Moers Text wiederum steht von vornherein in einer intensiven Beziehung zum Europäischen Mythos der Hexe, was man insbesondere an seiner Bemühung um dessen Dekonstruktion spürt. Mit der Kreation der Waldspinnenhexe wird gewissermaßen eine Doppeldeutigkeit in den Mythos eingebaut, die ihn innerlich noch weiter aushöhlen kann, weil nun endgültig völlig unklar geworden ist, was eine Hexe sei. Als zentrales Moment der Handlung, - die Angst vor der Hexe bestimmt de Reise der Zwergenkinder, - wird die Waldspinnenhexe nur anerkannt, um sie aus dieser Position zu stoßen. Das wichtigste Mittel hierzu ist die Abschweifung, sie relativiert die Hexe durch die endlose Auflistung von Meinungen und Möglichkeiten, die alle Gewissheiten verunmöglicht.

In Bezug zum Topos der Hexe ereignen sich mithin zwischen dem Text der Brüder Grimm und Moers' Text zwei Bewegungen. Zum Einen setzt Moers' Text eine vertiefte Pädagogisierung schon voraus. Die weitere Psychologisierung der Hexe, - etwa die Hexe als Vision Ensels unter Drogeneinfluss, - dient nun der Dekonstruktion der Hexe überhaupt. Zum Anderen wird die Hexe aus dem Zentrum gedrängt und relativiert. Ja, sie ist nur ein Kinderschreck. Die Größe von Moers' Text besteht aber darin, nicht verbergen zu wollen, dass man diesen Kinderschreck ganz so leicht eben nicht los wird.

7   Bibliografie

Bailey, Michael D.: Historical Dictionary of Witchcraft, 2003, in: Iowa State University Digital Repository, url: http://lib.dr.iastate.edu/history_books/3/ [zuletzt aufgerufen am 8.7.2017].

Behringer, Wolfgang: Erträge und Perspektiven der Hexenforschung, in: Historische Zeitschrift 249 (1989), S. 619-640.

Collins, Suzanne: Die Tribute von Panem, 3 Bde. Kindle Edition. Hamburg: Oetinger 2012.

Dingeldein, Heinrich J.: Hexe und Märchen, in: Sigrid Früh (Hrsg.): Die Frau im Märchen. Kassel: Röth 1985, S. 50-59.

Eliade, Mircea und Ioan P. Culianu: Handbuch der Religionen. Zürich: Artemis 1990.

Grimm, Jacob und Wilhelm: Kinder- und Hausmärchen. Ausgabe letzter Hand. München: Winkler 1977.

Kristeva, Julia: Bachtin, das Wort, der Dialog und der Roman, in: Literaturwissenschaft und Linguistik, Bd. II,3: Zur linguistischen Basis der Literaturwissenschaft. Frankfurt/M.: Fischer Athenäum 1972, S. 345-375.

Lindgren, Astrid: Pippi Langstrumpf. Gesamtausgabe in einem Band. Hamburg: Öetinger 1987.

Luther, Martin: D. Martin Luthers Tischreden: 1531-1546, Bd. 6: Tischreden aus verschiedenen Jahren, in: ders.: D. Martin Luthers Werke: Kritische Gesamtausgabe, hrsg. v. J.K.F. Knaake et al.: Abteilung 2: Tischreden. Weimar: Hermann Böhlaus Nachfolger 1921.

Moers, Walter: Ensel und Krete: Ein Märchen aus Zamonien von Hildegunst von Mythenmetz. München: Verlagsgruppe Random House [21]2002.

Speth, Sebastian: Die Arbeit am Mythos des Hildegunst von Mythenmetz: Walther Moers' Zamonien-Romane, in: Zeitschrift für Fantastikforschung 4:1 (2014), S. 81-96.

Turner, Denise: Vom Lebkuchenhaus und dessen Bewohnerin: Die Hexe im Märchen. Hamburg: Bachelor + Master Publishing 2014.

Wallstein, Sabrina M.: Intertextualität zwischen Jakob und Wilhelm Grimms *Das Brüderchen und das Schwesterchen* und Walter Moers *Ensel und Krete Ein Märchen aus Zamonien*, Examensarbet am Germanistischen Institut der Högskolan Dalarna. Falun 2014, url: http://du.diva-portal.org/smash/get/diva2:689887/FULLTEXT02.pdf [zuletzt aufgerufen am 21.6.2017].